Este título incluido en **Nuestros Ilustres** —la serie de biografías de destacados personajes de los ámbitos de la ciencia, la cultura y la historia— pretende servir de soporte cultural y educativo, así como de apoyo extracurricular a diversas asignaturas, con el objetivo de promover el conocimiento, la investigación, la innovación, el talento y la divulgación. Cada título aproxima a los niños a un personaje cuya trayectoria ha contribuido significativamente al desarrollo y a la calidad de vida de nuestra sociedad.

Guía de lectura
 Citas de los protagonistas
 Información más detallada

Textos
Màrius Carol

Ilustraciones
Marta Blanch

Dirección de la colección
Eva Moll de Alba

Traducción del catalán
Flor Braier

© Vegueta Ediciones
Roger de Llúria, 82, principal 1ª
08009 Barcelona
www.veguetaediciones.com

Primera edición: octubre de 2022
ISBN: 978-84-17137-93-9
Depósito Legal: B 15495-2022
Impreso y encuadernado en España

Cualquier forma de reproducción, distribución, comunicación pública o transformación de esta obra sólo puede ser realizada con la autorización de sus titulares, salvo excepción prevista por la ley. Diríjase a CEDRO (Centro Español de Derechos Reprográficos) si necesita fotocopiar o escanear algún fragmento de esta obra. (www.conlicencia.com; 91 702 19 70 / 93 272 04 45)

NUESTROS ILUSTRES

Aventurero, escritor y espía

Alí Bey

**Màrius Carol
Marta Blanch**

Me bautizaron en la catedral de Barcelona con el nombre de Domingo Badía y Leblich, pero he pasado a la historia como Alí Bey. Aunque nunca fui a la universidad, muchos dicen que era un erudito, pero yo siempre me consideré un aventurero en un tiempo en el que no era precisamente fácil recorrer el mundo. Mis viajes me llevaron a ser tan conocido que hoy incluso tengo una calle en la ciudad que me vio nacer.

La Barcelona de Alí Bey

Gracias a la implementación del libre comercio con América, Barcelona pasó de tener 30 000 habitantes en 1717 a superar los 130 000 a finales del siglo XVIII. Seis años después del nacimiento de Domingo Badía, hubo una revuelta conocida como «el motín de las Quintas», pues el Gobierno quería que el ejército —que se nutría solo de voluntarios— pasara a incorporar jóvenes por sorteo.

Catedral de Barcelona

La Catedral de la Santa Cruz y Santa Eulalia es la catedral gótica dedicada a la patrona de la ciudad y sede actual del arzobispado de Barcelona. Ubicada en el barrio Gótico, se construyó entre los siglos XIII y XV. El lugar escogido fue el mismo donde había existido previamente una catedral románica y, antes, un templo paleocristiano.

En casa éramos lo que suele llamarse «una familia acomodada», y más aún para nuestra época, la segunda mitad del siglo XVIII. Mi padre era un eficiente funcionario que fue secretario del capitán general.

Un buen día, cuando yo tenía once años, nos reunió a todos para explicarnos que nos íbamos a vivir al sur, ya que el Gobierno le había encargado responsabilidades nuevas y más importantes.

Por aquel entonces, las Ciencias Naturales eran mi asignatura favorita en la escuela, y mis padres me compraban un montón de libros ilustrados que leía cada día antes de dormir. Pero, en los viajes que hicimos por tierras andaluzas, empecé a interesarme también por el mundo musulmán. Aquellos misteriosos árabes que habían pasado ocho siglos en Andalucía habían aportado grandes innovaciones de su cultura a los habitantes de la península ibérica, desde nuevas técnicas de riego hasta los baños públicos, pasando por la guitarra, las pomadas, los hospitales, las ecuaciones, el ladrillo y los turrones. Además, allá adonde íbamos, disfrutábamos maravillados de las hermosas edificaciones que dejaron tras su paso por España.

La huella de la cultura islámica en España

El islam dejó una huella muy importante en la cultura hispánica, en la agricultura, la música, la cocina, la lengua y, sobre todo, en la arquitectura. De ahí que Andalucía esté repleta de construcciones fruto de la época de invasión musulmana. El legado andalusí tuvo una gran trascendencia en Europa tanto por la transmisión de textos clásicos como por su contribución a diversos campos del saber (medicina, botánica, astronomía, matemáticas...), de la técnica (vidrio, seda, cerámica...) y del ocio (el ajedrez, el tres en raya...).

Ya sabes, entonces, cuáles fueron las dos pasiones que marcarían mi vida: la ciencia y la cultura árabe. Así que, como podrás imaginar, para mí fue todo un descubrimiento conocer un día a un botánico valenciano llamado Simón de Rojas Clemente y Rubio. Diez años mayor que yo, Simón era profesor de la cátedra de Árabe en Madrid, además de trabajar para el Jardín Botánico de esta misma ciudad. Le pedí que me enseñara la lengua árabe y me fascinó conocer a un hombre tan sabio. Hasta había participado en una enciclopedia: los *Anales de Ciencias Naturales*. Éramos almas gemelas, hasta el punto de que no me costó demasiado engatusarlo para que participara en un arriesgado proyecto científico —y algo más— en el norte de África, por encargo del primer ministro Manuel Godoy.

Simón de Rojas Clemente y Rubio
(Titaguas, 1777-Madrid, 1827)

Conocido como el «sabio moro», fue un famoso botánico, catedrático de Árabe y Hebreo, doctor en Teología y diputado por Valencia. Además de su faceta académica, estaba la de gran aventurero que viajó por muchos lugares de España, Francia e Inglaterra. En 1804 fue nombrado bibliotecario y profesor del Jardín Botánico, si bien en los años posteriores su ideología liberal le obligó a exiliarse.

Jardín Botánico de Madrid

Fue fundado en 1755 por el rey Fernando VI cerca del río Manzanares. En 1781, Carlos III ordenó su traslado al Paseo del Prado, junto al Museo de Ciencias Naturales, que se convertiría en el Museo del Prado. Este jardín, destinado a la conservación y divulgación de las especies vegetales, alberga más de 5000 especies de plantas y árboles.

En aquellos días me ganaba la vida como administrador de rentas de tabaco en Córdoba, nombrado por Carlos IV. Además, me había casado con una buena mujer, con la que tuve una hija. Pero yo era un culo inquieto… Me gustaba embarcarme en nuevas aventuras y, supongo que al darse cuenta, mi suegro me ayudó a financiar la construcción de un globo aerostático, otro de mis múltiples proyectos. Por desgracia, a la hora de la verdad, mi invento nunca llegó a elevarse. Tiempo después supe que mi padre, temeroso de mi integridad física, había pedido que se suspendiera el permiso de vuelo, aunque el Consejo Supremo de Castilla lo hubiera aprobado.

Globo aerostático de Alí Bey

Uno de los grandes proyectos de nuestro incansable aventurero fue la construcción de un globo que pensaba emplear para observar la atmósfera. Para ello creó un sistema de suscripciones populares muy parecido a los actuales *crowdfunding*. Sin embargo, fuertes temporales frustraron sus tentativas de hacerlo volar. En otro intento, la cúpula se quemó. Su padre acabó convenciendo al Consejo de Castilla de que suspendieran el permiso de vuelo.

Un buen día, decidido a hacer realidad mi sueño más ansiado, conocer el norte de África, diseñé un ambicioso proyecto científico. Mi ya buen amigo Simón, que había decidido acompañarme, era lo bastante conocido en Madrid como para dar credibilidad a la empresa. No me resultó difícil, como funcionario que era, que nos recibiera Manuel Godoy —la mano derecha del rey Carlos IV—, un gran impulsor de las expediciones a nuevas tierras más cercanas que América, para evitar los viajes largos y costosos que las travesías transatlánticas implicaban.

«Badía era el hombre para el caso. Valiente y arrojado como pocos, disimulado, astuto, de carácter emprendedor, amigo de aventuras, hombre de fantasía y verdadero original, de donde la poesía pudiera haber sacado muchos rasgos para sus héroes fabulosos; hasta sus mismas faltas, la violencia de sus pasiones y la genial intemperancia de su espíritu le hacían apto para aquel designio».

Godoy, sobre Domingo Badía.

Manuel Godoy
(Badajoz, 1767-París, 1851)

Favorito de Carlos IV, con 25 años fue nombrado primer ministro. Su primera tarea fue tratar de salvar al rey Luis XVI de la guillotina. Su fracaso provocó la guerra entre Francia y España. Tras varias derrotas de España, negoció la Paz de Basilea, por lo cual el rey le otorgó el título de Príncipe de la Paz. Depuesto en 1798, en 1800 volvió a gozar de un poder casi ilimitado. La presión de Napoleón y el crecimiento de la oposición interna fueron preparando su declive. Murió en 1851 en el exilio.

Los países que visité me permitieron escribir, años más tarde, el libro *Viajes de Alí Bey por África y Asia durante los años 1803, 1804, 1805, 1806 y 1807*, que se publicó en francés porque tuve que exiliarme en París después de la derrota de Napoleón Bonaparte. Llegados a este punto, entenderás que yo era, a ojos de todo el mundo, «un afrancesado». De hecho, incluso llegué a ocupar cargos relevantes cuando España pasó a ser gobernada por José Bonaparte.

Afrancesado

Tras la invasión de España por los franceses a principios del siglo XIX, se acuñó el término «afrancesado», empleado de manera despectiva para referirse a un antipatriota que valora más lo francés que lo español, a un traidor o a alguien con una mentalidad revolucionaria y peligrosa.

Napoleón ocupa España

Napoleón no pudo vencer a los británicos e impuso un bloqueo comercial. Ante la negativa de Portugal, buscó una alianza con España para invadir ese país. Ante la debilidad española, que había perdido su flota en la batalla de Trafalgar, firmó en 1808 el Tratado de Fontainebleau, que autorizaba a las tropas francesas a atravesar la península. Esto permitió que ocuparan varias ciudades y dio inicio a la guerra de la Independencia, que supuso grandes pérdidas económicas y humanas para Francia y el principio del fin de Napoleón.

Los tres volúmenes de mi obra fueron todo un éxito, lo que hoy llamaríamos un *best seller*, que se tradujo a un montón de idiomas y despertó en muchos la curiosidad por la cultura islámica. Pero, para ser sincero, no fui a esas lejanas tierras solamente para satisfacer mi curiosidad científica. Los casi tres mil reales diarios que me pagaba el Gobierno incluían la condición de que ejerciera de espía y redactara un informe sobre las posibilidades de que España ocupara el Magreb.

El Magreb

Conformado por seis países —Mauritania, Marruecos, Argelia, Libia, Túnez y Sahara Occidental—, el Magreb, que significa «poniente», es una zona del norte de África en la que viven 86 millones de personas de mayoría árabe.

Así que decidí vestirme de musulmán, con chilaba y turbante, dejarme crecer la barba y perfeccionar mis conocimientos de la lengua árabe. Y eso no fue todo: me tuve que circuncidar. Y lo mismo hizo mi amigo Simón. Cuando nos mirábamos en el espejo, ninguno hubiera dicho que uno era de Madrid y el otro de Barcelona. Yo hasta me cambié el nombre. A partir de ese momento, me llamaría Alí Bey el-Abbassi, príncipe de los abasíes, hijo de Othman Bey y descendiente del tío del profeta Mahoma. Nos prepararon documentos falsos, muy bien hechos, redactados en un árabe muy esmerado. Lo único que no esperaba era que Godoy, en el último momento, me dijera que tenía que partir solo. Era una forma de limitar el riesgo, pues un viaje en solitario siempre resultaba menos sospechoso.

Mahoma
(La Meca 570-Medina 632)

Fue el fundador del Islam. En la religión musulmana, se le considera «el último de los profetas», es decir, la culminación de los mensajeros enviados por Dios. Para esta religión, sus predecesores son Abraham, Moisés y Jesús de Nazaret.

Chilaba

Es una de las piezas más importantes del vestuario musulmán. Se trata de una túnica ancha que, a diferencia del caftán, tiene una capucha puntiaguda que protege del sol y del frío. Los colores de la chilaba suelen denotar el estado civil de su portador.

Circuncisión en el islam

Se trata de una operación que consiste en cortar parte de la piel que recubre el pene. Se practica por razones religiosas o médicas. El profeta Mahoma recomendó que se hiciera a una edad temprana y circuncidó a sus hijos cuando tenían siete días.

Llegué a Tánger en julio de 1803 con un contacto que me facilitó la entrada al palacio del sultán Mulay Sulaymán. Una vez allí, me costó menos de lo que pensaba ganarme la amistad del rey de Marruecos y convencerlo de que aceptara que el Reino de España fuera el protector de los intereses de su país. La relación entre nosotros se volvió tan cercana que el monarca llegó incluso a regalarme dos casas —en Esauira y en Marrakech— y dos mujeres que pude elegir de su harén. Fue por entonces cuando me di cuenta de que la verdadera intención de Godoy era organizar un golpe de Estado contra el sultán. Se trataba de provocar una guerra civil que permitiera la invasión de las tropas de Carlos IV. Pero el monarca español no lo vio claro y en el último momento detuvo lo que parecía que iba a ser una de las historias de espías más brillantes de todos los tiempos.

Tánger

Alí Bey se hizo a la mar en una lancha en Tarifa en la que, en cuatro horas, atravesó el estrecho de Gibraltar hasta llegar a Tánger. Describió esta experiencia como un sueño, «porque en poco tiempo el viajero es transportado a otro planeta». Tánger, la capital diplomática de Marruecos, había sufrido un bombardeo de la flota española en 1791, así que tiene mucho mérito que Alí Bey convenciera al sultán de que España ejerciera la función protectora del país doce años más tarde.

Harén

El harén era una institución de vital importancia en el mundo musulmán. Las mujeres vivían allí sin apenas derechos ni libertades, bajo unas rígidas normas y una estricta jerarquía encabezada por la sultana valida, madre del sultán. Tras ella, la primera esposa del soberano o la madre de su primogénito, y después sus esposas secundarias y favoritas, seguidas de las concubinas.

23

Estaba tan metido en mi papel de Alí Bey que, una vez concluida la misión, decidí emprender un viaje a La Meca. Me ahorro el largo periplo que me llevó hasta la ciudad santa del islam, donde, en enero de 1807, tuve el honor de besar la Piedra Negra del santuario de la Kaaba, reliquia que, según la tradición islámica, el arcángel Gabriel llevó a aquellas tierras de Oriente. Puedo jactarme de haber sido el primer español —e infiel cristiano— en hacerlo. Y ya que se trataba de conocer ciudades santas, también fui a Jerusalén, donde coincidí con el vizconde de Chateaubriand, que ha pasado a la historia de la literatura por ser el fundador del Romanticismo, pero que resultó ser también un ilustre diplomático al servicio de Napoleón, aunque al final acabara enfrentándose a su tiranía.

La Kaaba

Es el lugar de peregrinación religiosa más importante del islam. Considerada la casa de Dios y cubierta por un velo negro de seda y algodón, que durante el tiempo de la peregrinación se sustituye por uno blanco, hacia ella se orientan los musulmanes de todo el mundo para rezar.

François-René, vizconde de Chateaubriand
(Saint-Malo, 1768-París, 1848)

François-René fue un diplomático, político y escritor considerado el fundador del romanticismo en la literatura francesa. Dio nombre al *chateaubriand*, un plato que consiste en un corte de carne que se hace a la plancha con un poco de mantequilla.

Un año y medio más tarde, cuando volví a mi país, España estaba en manos de Napoleón. Yo, que volvía a ser Domingo Badía, fui hasta Bayona para entrevistarme con mi rey, Carlos IV. Me ofrecí para lo que hiciera falta, pero el monarca me pidió que me pusiera a las órdenes de Napoleón, ya que, consciente de mi lealtad a la Corona, era mejor para todos que me mantuviera cerca del poder. Y me las arreglé para ser recibido por el mismísimo Napoleón Bonaparte, explicarle el trabajo que había hecho y ofrecerle mis servicios.

«El mundo sufre mucho. No sólo a causa de la violencia de las personas malas. También por el silencio de la gente buena».

Napoleón Bonaparte

Efectivamente, haciendo honor a su fama, me trató con desconfianza. Por suerte, yo, que sé ganarme a la gente, terminé convenciéndole de que podía ser útil. No lo creerás, pero me dio una carta de recomendación para su hermano, que ocupaba el trono de España como José I. Meses más tarde, este me nombró alcalde de Córdoba, ciudad donde había vivido y por la cual sentía devoción porque tenía la mezquita más bella que he visto en mi vida, y eso que he visitado muchas. Estuve allí quince meses, pero realicé una gran labor, ya que introduje en esa zona el cultivo del algodón, la remolacha y la patata. Y, además, creé la Real Academia de Ciencias, Bellas Letras y Nobles Artes.

Pepe Botella
(Córcega, 1768-Florencia, 1844)

A José I de España, hermano de Napoleón y rey de España entre 1808 y 1813, se le puso el apodo de Pepe Botella en referencia a un supuesto alcoholismo, aunque parece que no era cierto. En Madrid se le conoce también como el Rey Plazuelas, por todas las plazas que construyó en la capital.

Mezquita de Córdoba

Patrimonio de la Humanidad desde 1984 y construida entre los años 786 y 988, es el monumento más importante de todo el Occidente islámico. De hecho, fue la segunda mezquita (que quiere decir templo musulmán) más grande del mundo después de La Meca hasta el año 1588, cuando fue superada por la Mezquita Azul de Estambul.

La derrota de Napoleón en España y su posterior exilio me dejaron sin trabajo, de modo que aproveché para escribir el libro de viajes del que hablaba antes, con dibujos a pluma natural, hechos por mí mismo, de los que me siento muy orgulloso y que han hecho crecer el interés por el mundo árabe. Pero ya que soy un hombre inquieto y, aunque las ediciones en diferentes lenguas de la obra me alcanzaban para vivir, cuando me ofrecieron la oportunidad de volver a Oriente, no pude negarme. En vez de Alí Bey, ahora me llamaría Othman Bey; es decir, sería el padre de Alí Bey. Me encomendaron, de nuevo, una misión secreta, encargada esta vez por el rey Luis XVIII de Francia, que estaba al tanto de mis habilidades.

«En todas las naciones del mundo los habitantes de los países limítrofes, más o menos unidos por relaciones recíprocas, en cierto modo amalgaman y confunden sus lenguas, usos y costumbres, de suerte que se pasa de unos a otros por gradaciones casi insensibles; pero esta constante ley de la naturaleza no existe para los habitantes de las dos orillas del estrecho de Gibraltar, los cuales, no obstante su proximidad, son tan diversos los unos de los otros como lo sería un francés de un chino».

Alí Bey

Tenía que ir a Siria, ocupada por los turcos, un país que tanto los franceses como los ingleses consideraban estratégico para su expansión por el mundo. Me trasladé de París a Damasco para intentar informarme de qué sucedía en aquel país. La ciudad era de una belleza embriagadora, pero apenas llegué me di cuenta de que no estaba solo: me seguían los servicios secretos británicos. ¿Cómo me di cuenta? Porque los espías nos reconocemos entre nosotros.

Damasco

Damasco, también conocida como la ciudad del Jazmín y Paraíso de Oriente, es la capital y la segunda ciudad más poblada de Siria después de Alepo. Además de ser una de las ciudades más antiguas del mundo, con más de 4000 años de historia, es un importante centro cultural que posee un inmenso legado de todos los pueblos que se establecieron en ella.

Cierto día, cuando estaba en la terraza de un hotel disfrutando de una taza de espeso y aromático café, me empecé a encontrar mal. Me parecía que el movimiento de la gente por la avenida se ralentizaba, y el ruido de los camareros se transformó, en pocos segundos, en silencio. Y allí, a cuatro mil kilómetros de casa, a los 51 años, se acabó mi carrera de aventurero, escritor y espía para siempre. Hay quienes dicen que me envenenaron los ingleses, pero siempre he pensado que mi ejecutora fue la disentería. Te confieso ahora que yo preferiría que creyeras que fui víctima de los espías a las órdenes de Jorge III. Mi final resulta así mucho más épico.

Disentería

Es un trastorno inflamatorio del intestino que se suele contagiar a través de alimentos o agua en mal estado y provoca vómitos y diarrea. En el peor de los casos, puede causar la muerte si no se trata de forma adecuada.

El protagonista

1767

Nace en Barcelona Domingo Badía y Leblich, Alí Bey, hijo del barcelonés Pedro Badía, funcionario, y de la belga Catherine Leblich.

1778

La familia se traslada a Cuevas del Almanzora (Almería), cuando él tiene solo once años, a causa del trabajo del padre. Es allí donde empieza a interesarse por el mundo musulmán.

1791

Contrae matrimonio con María Luisa Burruezo y Campoy, Mariquita, y tiene una hija a la que llaman María de la Asunción. Al año siguiente, los tres se trasladan a Córdoba, donde Domingo se inicia en el estudio de la lengua árabe.

Otros catalanes ilustres

1767-1818

Alí Bey
Aventurero, escritor y espía

1815-1876

Ildefonso Cerdà
La ciudad del futuro

36

1803

Emprende, por encargo del primer ministro de Carlos IV, Manuel Godoy, un largo viaje por territorios musulmanes bajo la identidad de un príncipe sirio educado en Europa llamado Alí Bey.

1814

Se publican, en Francia, los dos volúmenes de su obra *Viajes de Alí Bey por África y Asia*, que recoge sus andanzas por estos países durante los años 1803-1807, y que enseguida se traducen al alemán y al inglés.

1818

Muere en Damasco, durante una misión de espionaje para el rey Luis XVIII de Francia bajo la nueva identidad de Othman. Se dice que fue envenenado por los agentes del servicio secreto británico.

1919-1998

Joan Brossa
Atrapo una letra y pongo el mundo del revés

1923-2009

Alicia de Larrocha
La pianista de manos mágicas

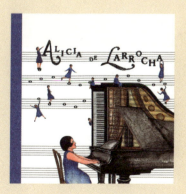